YVES LE STANC

Chansons des Humbles

PREMIÈRE SÉRIE

CHANSONS

DE

MON VILLAGE

ÉDITIONS SPES, 17, RUE SOUFFLOT, PARIS

CHANSONS DES HUMBLES

par Yves LE STANC

PREMIÈRE SERIE

Chansons de mon Village

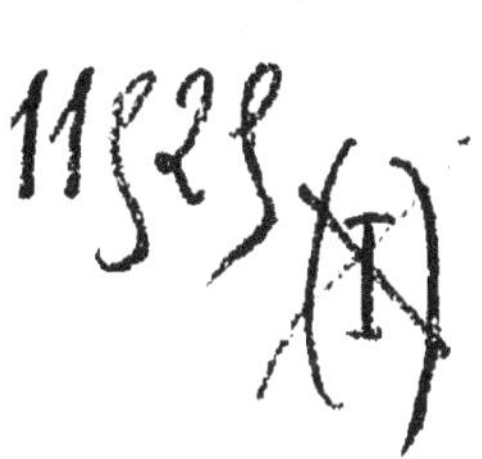

" Editions Spes "

17, Rue Soufflot, Paris (Ve)

1925

DU MÊME AUTEUR :

Chansons des gâs d'Arvor.

1re Série. — *Chansons de la Lande en fleurs.*
2e Série. — *Chansons des « Promis » bretons.*
3e Série. — *Chansons et Refrains d'un Barde.*
4e Série. — *Devis et Chants du Coin de l'Atre.*
5e Série. — *Chansons d'Exil et du Pays.*

Chansons de la Vague.

1re Série. — *Chansons du Flot le long des grèves.*
2e Série. — *Chansons des Rocs et des Embruns.*
3e Série. — *Chants de la Brume et des Banquises.*
4e Série. — *Chansons du Large et de la Côte.*
5e Série. — *Chansons du Vent sur la Falaise.*

Chansons des Humbles.

1re Série. — *Chansons de mon Village.*
2e Série. — *Chansons de ma Chaumière.*
3e Série. — *Chansons de Jean Belle-Humeur.*
4e Série. — *Chansons de Jean Misère.*
5e Série. — *Chansons des Mains Calleuses* (en préparation).

Chansons de ma Paroisse.

1re Série. — *Chants du Chrétien.*
2e Série. — *Chansons apologétiques.*
3e Série. — *Bloc-Notes.*
4e Série. — *L'Heure Triste.*
5e Série. — *Le Réveil Catholique.*

Chants de Bataille et d'Épopée.

1re Série. — *Chansons de Jean Chouan.*
2e Série. — *Chansons d'un Combattant*
3e Série. — *Chansons d'un Combattant* } de la Grande
4e Série. — *Chansons d'un Combattant* } Guerre
5e Série. — *Chansons d'un Combattant* } 1914-1918.

N. B. — Chaque série comporte de 15 à 20 chansons et poèmes d'Yves Le Stanc.

MON VILLAGE

Musique d'Albert *LONATI*

Moderato

II

Au milieu de l'épais feuillage,
Parmi les vertes frondaisons,
Du petit, tout petit village
Se dissimulent les maisons.
J'aime ce coin de Cornouaille
Où, bien loin des regards jaloux,
Sous les toits recouverts de paille
On peut couler des jours si doux !

III

Sauf à l'heure où la diligence
Y passe, avec un grand fracas,
Ou quand, sur la place, la danse
Réunit fillettes et gâs,
Nul bruit ne vient, sous la ramure,
Troubler le sommeil de l'Écho,
Hormis le tendre et frais murmure
Du babillard et gai ruisseau.

IV

J'aime ce village où mes pères
Sont nés, puis sont morts, tour à tour;
Où mes jours s'écoulent prospères,
Où vit l'objet de mon amour.
Ah ! loin de mon humble demeure,
Seigneur, ne me conduisez pas,
Mais permettez que j'y demeure
Jusqu'au moment de mon trépas !

A mon bon ami André CHENAL

A L'OMBRE DU CLOCHER

Musique d'Yves Le Stanc

II

Sous cet ombrage tutélaire
Enfant, j'ai grandi lentement ;
Adolescent, j'ai su m'y plaire ;
Homme, j'y vis obscurément.
Parfois, malgré moi, je le quitte,
Mais, — doit-on me le reprocher ? —
Dès qu'il se peut, je reviens vite
A l'ombre de mon vieux clocher.

III

Honte à celui qui s'en offense !
Moi, j'ai beaucoup d'affection
Pour cet abri de mon enfance,
Ce temple sans prétention.
J'aime tant sa flèche élancée
Où mille oiseaux vont se nicher,
Que j'ai blotti... ma fiancée
A l'ombre de mon vieux clocher !

IV

En mon village solitaire,
Heureux ainsi, je ne veux pas

Abandonner mon coin de terre,
M'offrirait-on mille ducats.
Qu'importe l'existence étroite !
Pour moi je veux, sans trébucher,
Vivre ma vie, honnête et droite,
A l'ombre de mon vieux clocher !

V

Sans nul désir, sans nulle envie, .
Satisfait de mon humble sort,
Je veux, ici, passer ma vie,
Attendre, sans crainte, la mort.
Et, lorsqu'un jour, dans le mystère,
L'Ankou viendra, pour m'y faucher,
Près des « anciens » que l'on m'enterre
A l'ombre de mon vieux clocher !

L'ANGELUS

Musique d'Yves Le Stanc

Dans le ciel attiédi
Que Phœbus illumine
Une cloche argentine
Vient de sonner midi.
Tin, tin, tin! *(ter)*
Alertes fourmis,
Suspendez, amis,
Pour quelques instants votre rude tâche;
On a bien gagné
Un peu de relâche,
Lorsque, depuis l'aube, on a tant peiné !

III

Dans le jour finissant
Où va poindre l'étoile,
Du clocher qui se voile
Un autre son descend.
Tin, tin, tin ! *(ter)*
Rentrez vos troupeaux !
Voici le repos
Auquel on aspire après la journée!
Retournez sans bruit
A la maisonnée,
Puis endormez-vous, car voici la nuit!

AUX PIEDS DE JÉSUS

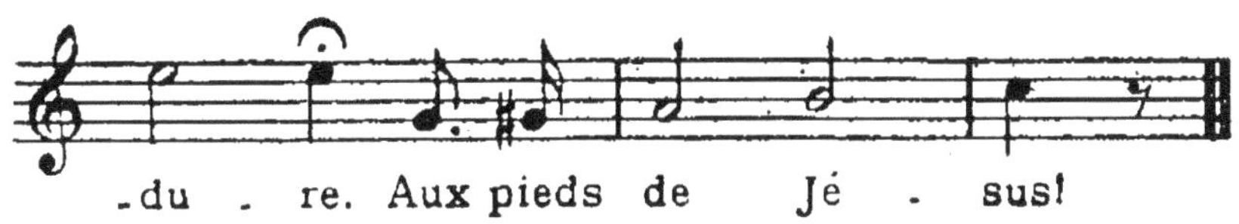

II

Aux pieds de Jésus, tout près de la Vierge,
Le pauvre blondin sanglotait : « .... Maman ! »
Hier, sur son lit, pâle comme un cierge,
Elle reposait si paisiblement !
Mais, des hommes noirs l'ayant mise en terre,
Seul, abandonné, les membres demi-nus,
L'enfant accourait cacher sa misère
      Aux pieds de Jésus !

III

Aux pieds de Jésus, sous la voûte obscure,
Le gentil bambin s'était endormi.
Orphelin deux fois, nul n'en avait cure ;
Il ne lui restait pas même un ami !
Et le froid cruel gagnait ses vertèbres ;
Il gisait, livide, ainsi qu'un perclus,
Couché sur le marbre, au sein des ténèbres,
      Aux pieds de Jésus !

IV

Aux pieds de Jésus, dans l'église antique
Il passa soudain de vie à trépas,

Sans un soubresaut de son corps étique,
Il demeura raide et ne souffrit pas.
Prenant en pitié sa douleur amère,
Dieu l'admit au ciel, parmi les élus,
Et l'enfant, ravi, put revoir sa mère
Aux pieds de Jésus !

LES BLÉS

Musique d'Yves Le Stanc

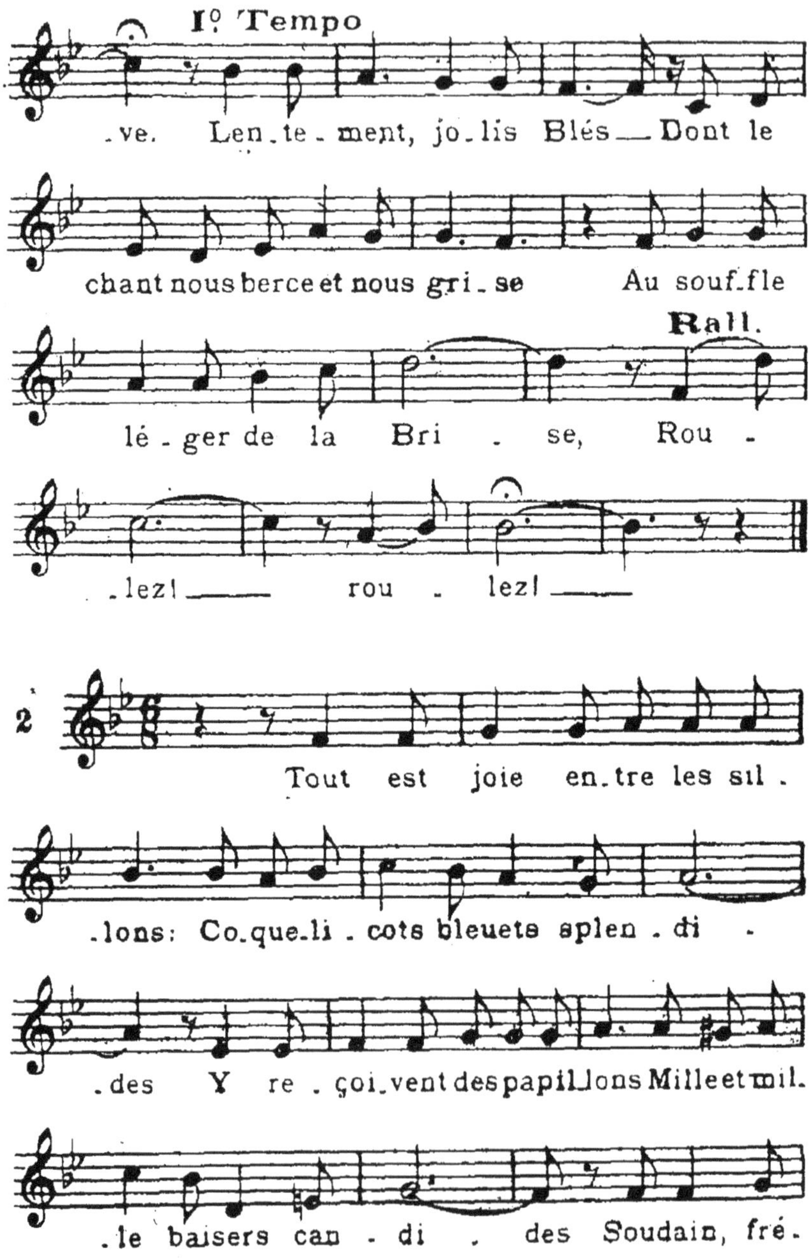
I.º Tempo
. ve. Len . te . ment, jo . lis Blés Dont le
chant nous berce et nous gri . se Au souf.fle
Rall.
lé . ger de la Bri . se, Rou .
. lez! rou . lez!
2
Tout est joie en.tre les sil .
.lons: Co.que.li.cots bleuets splen . di .
. des Y re . çoi.vent des papillons Mille et mil.
. le baisers can . di . des Soudain, fré.

. mis . sent les é . pis, Des moisonneurs voi . ci la
fou _ le Et les blés, na . guère as . sou .
Rall.
. pis Ont mainte . nant des bruits de hou _
1º Tempo
. le. Pre . nez garde, ô grands Blés! — Ne vo .
. yez vous pas les fau . cil . les Qu'appor . tent
Rall.
nos gas et nos fil _ les, Trem _
. blez! trem . blez!
3
Troublant le cal . me des E .

.tés, Un bruit con.fus em.plit la plai .
.ne Où l'on en.tend, de tous co.tés, Des chants re.
.dits, à perdre ha.lei.ne. On y per.
.çoit é.ga.le.ment Comme une plainte qui s'é.
.lè.ve Quand les é.pis, lourds de fro.
Rall.
.ment, S'in.cli.nent, tranchés par le glai.
Iᵒ Tempo
.ve. Cour.bez-vous pauvres Blés! Voi.ci
pour vous l'heu.re fa.ta.le, Sous la

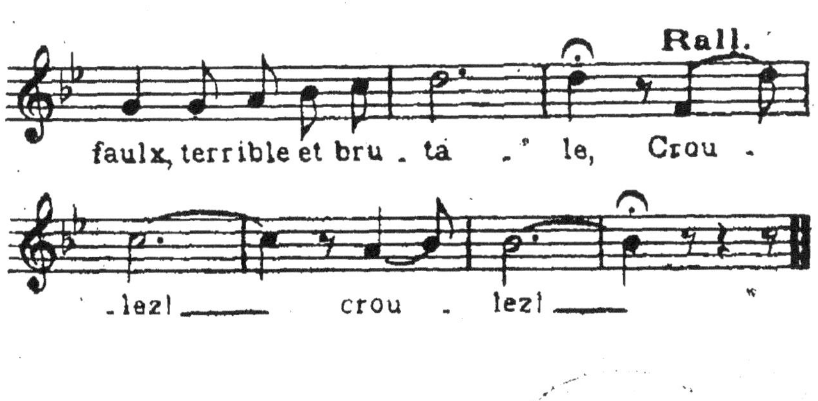
Rall.
faulx, terrible et bru . ta . le, Crou .

. lez! crou . lez!

CHANSON DE L'INONDÉ

Musique d'Yves Le Stanc

II

Sapant les murs et faisant brèche,
En un clin d'œil, les flots bourbeux
Ont fait crouler chaumine et crèche,
Ont englouti moutons et bœufs.
Je n'ai plus rien ! Le fleuve avide
Rasa mon chaume hospitalier !
J'ai tout perdu ! Ma grange est vide
Et l'eau ravage mon cellier !

III

Naguère alerte, d'un pas ferme,
Je m'en allais peiner aux champs.
C'était la joie ; et, de ma ferme,
Vers le ciel bleu montaient des chants.
Ils ne sont plus pour moi qu'un songe,
Les fiers refrains du temps jadis.
Dans l'amertume qui la ronge,
Mon âme dit : *De Profundis !*

IV

Aux miséreux dans la détresse,
En souvenir d'un Dieu Sauveur,
Je témoignais grande tendresse,
Les accueillant avec ferveur.
De même qu'eux, sur la grand'route,
Préoccupé du lendemain,
Pour obtenir une humble croûte
Devrai-je, hélas ! tendre la main ?

V

Je n'ai plus même un peu de paille
Pour recevoir mon corps lassé.
Soutenez-moi car je défaille :

J'ai faim ! J'ai froid ! Je suis glacé !
Vais-je mourir sans espérance ?
Non ! car je vois des cœurs chrétiens
S'intéresser à ma souffrance
Et secourir aussi les « miens ».

DERNIER REFRAIN

Grâce à leurs soins le ciel s'éclaire,
Chassant mon trouble et mon émoi :
De vrais amis, Dieu tutélaire
Ont pris, enfin, pitié de moi !

LA CHARITÉ DU GUEUX

Un Laboureur très charitable,
Mais n'ayant pour unique bien
Qu'une humble ferme et qu'une étable,
Disait, pourtant, en vrai Chrétien :

Musique d'Yves Le Stanc

II

Auprès du lard, j'ai dans ma huche,
Du pain bien noir, mais nourrissant;
Le cidre, un peu dur en ma cruche,
N'en est pas moins rafraîchissant ;
Vous en boirez à gorge pleine.
Puis, dans ma grange, il est du foin
·Où vous pourrez reprendre haleine
Avant de vous traîner plus loin.

Au Refrain.

III

En ma chaumière délabrée
S'il vous plaît de rester un peu,

Nous pourrons, toute la soirée,
Deviser auprès d'un bon feu.
Puis, vous partagerez ma couche ;
 — Mon lit, c'est sûr, est bien étroit !
Mais, moi j'y dors comme une souche
Et nous n'y craindrons pas le froid.

Au Refrain.

IV

Errant des fermes aux chaumines,
La vie est rude aux chemineaux :
Les chiens, les ronces, les épines
Mettent leurs hardes en lambeaux.
Si vos habits sont trop en loques,
Demain matin vous choisirez
Dans mon vieux linge et mes défroques
Des vêtements moins déchirés.

Au Refrain.

V

Je ne demande en récompense
De ce devoir d'humanité,
Pas même de reconnaissance :

Jésus prescrit la charité.
Parfois, pourtant, dans vos prières,
Sans amertume et sans aigreur,
Souvenez-vous, ô gueux, mes frères,
De l'humble toit du laboureur.

Au Refrain.

DEBOUT, PAYSAN !

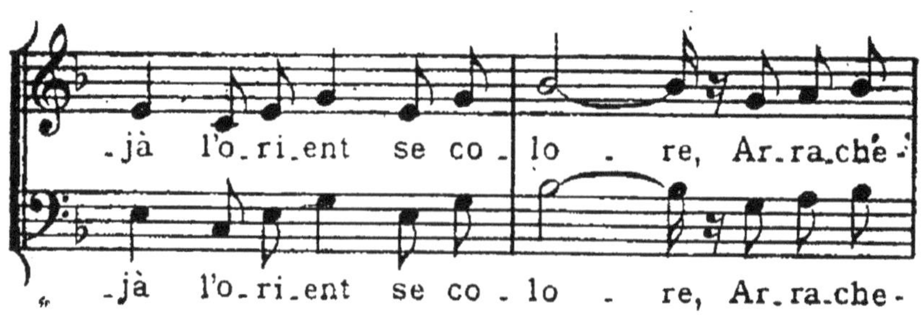

-toi vite au som _ meill De
-toi vite au som _ meill Vite au sommeil De

sa clar.té dé _ li_ci _ eu _ se Phœ_
sa clar.té dé _ li_ci _ eu _ se Phœ_

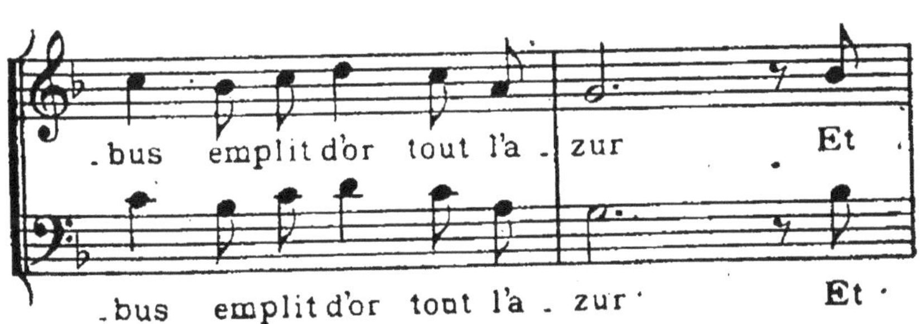
_bus emplit d'or tout l'a _ zur Et
_bus emplit d'or tout l'a _ zur Et

l'a _ louette in _ sou_ci _ eu _ se Chan.te gai_
l'a _ louette in _ sou.ci _ eu _ se Chan.te gai_

.ment sous le ciel pur, Sous le ciel pur
.ment sous le ciel pur.
Hé! Pa.y.
Hé! Pa.y.san!
Voi.ci le jour!
.san! Voi.ci le jour! Tout resplen.
?.dit, tout s'il.lu.mi.ne! Quitte ta
Quitte ta "douce"
Et ta chaumine Vite au tra
"douce" Et ta chaumine Vite au tra.

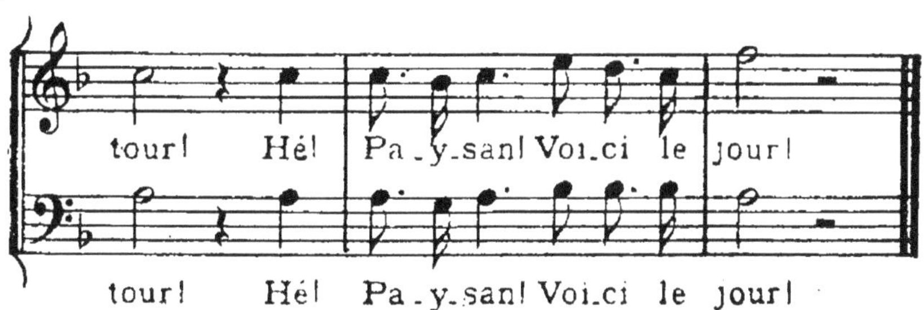

II

Au clocher de la vieille église
L'Angelus a tinté trois fois
Tinté trois fois !
Une rumeur monte et la brise
Déferle sur les monts, les bois,
Les monts, les bois !
Tes bœufs ont, sur la paille fraîche,
Dormi, charmés par le grillon ;
Va donc les sortir de la crèche
Et conduis-les vite au sillon !
Vite au sillon !

Hé ! paysan, etc.

III

Allons ! sors, ami, de ta ferme !
Prends ta faucille au fil tranchant,
Au fil tranchant.
Éloigne-toi d'un pas bien ferme,
Et va peiner en ton vieux champ,
En ton vieux champ.
Travail est la loi de nature
Sans regimber incline-toi,
Car Dieu bénit la créature
Qui sait subir sa douce loi,
Sa douce loi.

Hé, paysan, etc.

L'IVROGNE

Allegretto

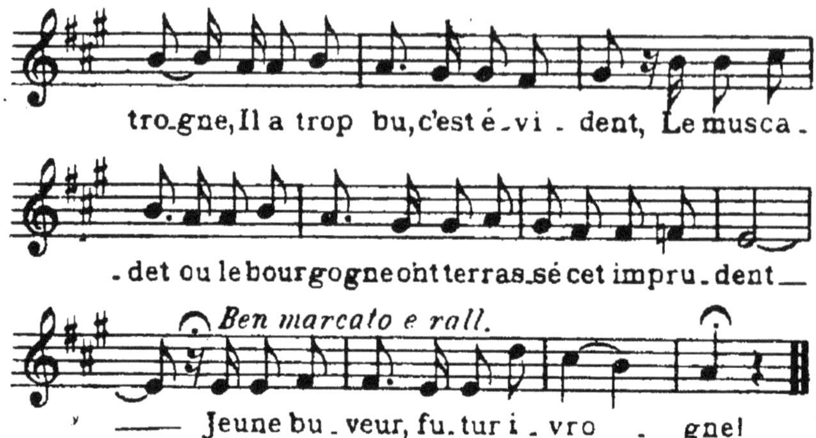

II

Dix ans plus tard, dans la chambrette
Où tous les siens sont entassés,
La bise aiguë entre, indiscrète,
Par les carreaux qu'il a cassés.
Près d'un berceau gémit la femme,
Pendant qu'assis au cabaret,
Stupide et saoûl, le père infâme
Vide dix verres sans arrêt.

Jadis actif à la besogne,
Maintenant rosse et paresseux
Vingt fois par jour il se rencogne,
Dans un débit sale et crasseux.
Buveur fréquent, fatal ivrogne !

III

Cinq ans de plus et la misère
Cruellement pèse sur eux.
Comme la Vierge du Rosaire,
La pauvre femme a les yeux creux,
Et les marmots à piètre mine
Gisent couchés sur des grabats,
Tuberculeux, criant famine,
Pendant que l'homme boit là-bas !

Il a perdu toute vergogne
Et quand l'épouse, toute en pleurs,
Veut l'entraîner il rage et grogne,
Insoucieux de ses douleurs.
C'en est fini : c'est un ivrogne !

IV

Sourd aux sanglots de tous ses proches,
Privés de pain au long des jours,
Indifférent à leurs reproches,
L'ivrogne boit et boit toujours.
Tant et si bien qu'un soir d'orgie,
L'alcool maudit du vin nouveau,
Pris à l'excès, lui stupéfie
Et lui détraque le cerveau.

Il devient fou, rit, se renfrogne,
Rit à nouveau, puis, assommé,
Comme une masse, il choit, se cogne
Et reste à terre inanimé.
Voilà comment crève l'ivrogne !

MES BOEUFS

Musique d'Yves Le Stanc

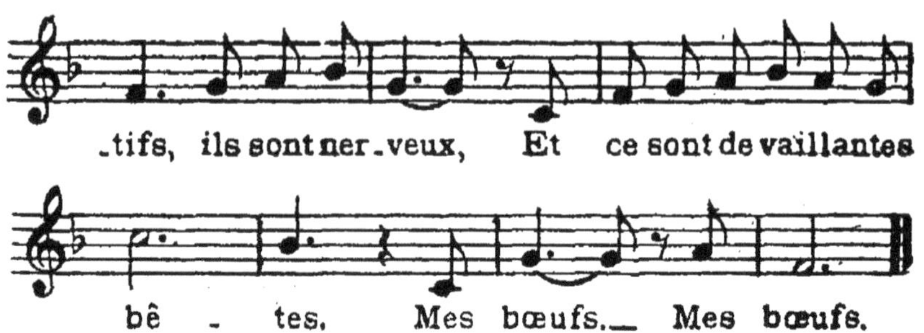

II

Ils ont une encolure énorme,
Ils ont le poil lisse et très roux ;
Ils marchent d'un pas uniforme,
Fixant sur moi leurs grands yeux doux.
Ils sont laborieux, fidèles,
Si dévoués, si peu méchants;
Ce sont des serviteurs modèles,
La joie et l'orgueil de mes champs.

Au Refrain.

III

Très droits sous la charge accablante,
Avançant à pas mesurés,
Ils n'ont pas la mine dolente
Des animaux trop pressurés.
Car, s'ils travaillent sans relâche,

Et supportent le poids du jour,
Pour leur faciliter la tâche,
Je les dorlote tour à tour.

Au Refrain.

IV

S'ils sont l'orgueil de ma chaumière,
Si je suis fier de les montrer,
Ne croyez pas qu'à ma fermière
Je vais, pourtant, les préférer.
De mon cœur elle est la maîtresse,
L'idole, la reine, puis eux
N'ont droit qu'ensuite à ma tendresse
Bien que je les aime tous deux !

Au Refrain.

LES MISÉREUX

II

Revêtus de haillons sordides,
Les yeux emplis d'un vague effroi,

Ils tendent leurs deux mains livides
Que glace et que crispe le froid.
Mais, les secourir, nul ne daigne :
On n'a pas un regard pour eux !
On les méprise, on les dédaigne,
    Les Miséreux !

III

Leur faim n'est jamais assouvie :
Leur sort est de souffrir toujours :
Certains n'ont pas, durant leur vie,
Connu ce qu'étaient les beaux jours,
Et, quand l'Ankou finit leur peine,
Quand le sol se ferme sur eux
Un chiffon sale couvre à peine
    Les Miséreux !

IV

Mais, au Paradis, Dieu les place,
Et, pour les souffrants d'ici-bas,
Le bonheur éternel remplace
Celui qu'ils ne connurent pas.
Quand la Mort vient et nous emporte,
Au ciel on est reçu par eux :
Donnons, pour qu'ils ouvrent la porte,
    Les Miséreux !

MON MOULIN

Moderato

II

Quand l'aquilon au fier murmure
Profondément creuse les eaux,
Gémit dans la verte ramure
Ou, très bas, courbe les roseaux,
Mon vieux moulin tremble, palpite,
Et, sous le souffle échevelé,
Plus vite encore précipite
Son appareil démantelé.
Quand le grand vent, dans sa voilure,
Vient s'engouffrer, en gémissant,
Mon moulin tourne, à toute allure,
Poussé par ce moteur puissant,

Et, la figure enfarinée,
Je suis joyeux et plein d'entrain
Car je le vois, en sa journée
Écraser cent boisseaux de grain !

III

Quand l'ouragan, quand la tempête
Passent sur la lande en grondant
Et que le vent, pleurant, répète
Son sanglot plaintif et strident,
On entend craquer la membrure
De mon vieux moulin vermoulu,
Qui prend, au repos, la carrure
D'un goéland irrésolu.
Sous le grand vent qui le tracasse
Et fait, de son robuste effort,
Tressaillir sa pauvre carcasse
Mon moulin s'arrête et s'endort.
Mais, sitôt qu'est passé l'orage
L'agitant d'un dernier frisson,
Il se ranime avec courage
Et reprend sa bonne chanson !

QUILLE ET SOC !

II

Afin d'entr'ouvrir la Terre bourrue
Et de féconder ainsi son vieux champ,
Le Paysan va, poussant la charrue,
Et fouillant le sol de son soc tranchant.
Sa mère et sa femme ont, dans la chaumine,
Sans manger parfois, dû s'aller coucher ;
Pour leur éviter l'affreuse famine
Il peine, aussi, lui, tant qu'il peut marcher !

III

La quille et le soc, bien conduits, nourrissent,
L'un, le paysan, l'autre, le marin,
Mais les éléments parfois se hérissent
Les privant ainsi de leur gagne-pain.
L'Océan fougueux se met en colère
Et le bateau s'ouvre, au contact du Roc ;
Le sol, regimbant sous la lame claire,
Suscite un caillou qui brise le Soc.

IV

Paysan, Marin, enfants de la plèbe,
Ne rougissez pas de votre humble sort :
L'un à l'Océan et l'autre à la Glèbe,
Soyez attachés jusqu'à votre mort !
De vos bras nerveux guidez sans relâche
La quille de bois ou le soc d'acier.
Hardi là ! les gâs ! grâce à votre tâche
Le Soc est fécond, le Flot nourricier.

RENTRONS AU LOGIS !

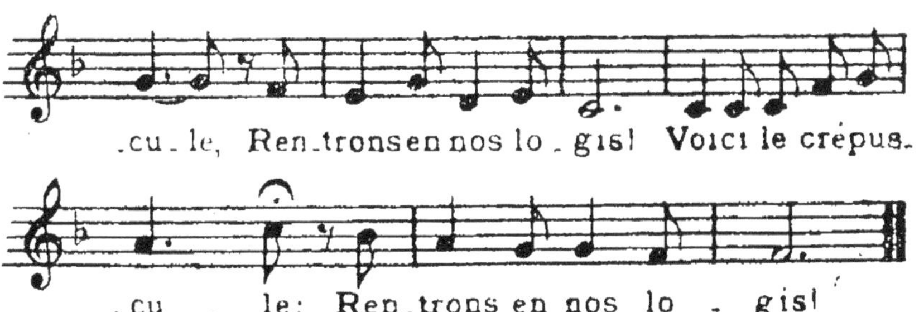

II

A la table de la chaumière
Où fume la soupe du soir,
D'un geste engageant la fermière
Nous presse d'entrer nous asseoir.
Allons donc réparer nos forces,
Puis, au fond de nos vieux lits clos,
Pour délasser nos bras, nos torses
Nous irons goûter le repos !

III

Et demain, quand l'aube nouvelle
Blanchira les cieux éclatants,
Nous travaillerons, de plus belle,
Esprits joyeux et cœurs contents,
Durant que nos gâs et nos filles,
Grisés par l'odeur des moissons,
Pour rythmer les coups des faucilles
Rediront d'alertes chansons !

SOUHAITS DES VIEUX

Musique d'Yves Le Stanc

II

A notre entrée en ménage
J'avions pas un sou vaillant,

Mais j'avions ben du courage
Et l'on vit en travaillant.
Ah ! ma fine, sous la bise,
Sous la pluie ou la chaleur,
Sous le soleil ou la brise
J'avons eu ben du malheur !

III

Pour nourrir notre famille
Nous trimions le jour, la nuit ;
Nos garçons et notre fille
Nous remplacent aujourd'hui.
Nos mains rudes et tremblantes
Ne veulent plus travailler,
Et nos jambes, vacillantes,
A leur tour vont se rouiller.

IV

Lors, plutôt que d'être à charge
Et d'embarrasser nos fieux
J'aimerions prendre le large
Et nous envoler aux cieux.
Mais ma vieille, pauvre femme,
M'aimant toujours ben d'amour,
Nous voudrions rendre l'âme
Tous les deux, le même jour !

LE VIGNERON

Musique d'Yves Le Stanc
Allegro
Des vi.gne.rons du voi.si . na.ge, Je suis,ma
foil l'un des plus vieux,Pourtant je suis,malgré mon
â . ge, Resté, de tous, le plus joy . eux. Dès que pa.
.rait l'au.be ver. meil.le, Je vais bê.cher mon humble
champ Et les é. chos que je ré . veil.le Partout ré.
REFRAIN
.pètent mon doux chant! Et gai lon lairel Aimons la
vi.gnel Aimons le vin, mais n'allons pas,Comme No.

II

Vrai paysan, j'aime la Terre,
Et, tous les jours, discrètement,
Je viens soigner, dans le mystère,
Chacun des ceps, chaque sarment.
Lorsque je vois sortir la grappe,
Je ne vis plus : j'ai presque peur ;
Et mon esprit tremble et se frappe,
Dès qu'au ciel monte une vapeur.

III

Mon allégresse est sans pareille
Lorsque Phébus ayant mûri

Les raisins verts de notre treille
Mûrit enfin mon clos chéri !
Lorsque je vois cercler la tonne,
Mon cœur palpite, plein d'entrain.
Et, sans répit, alors j'entonne
Avec ardeur mon gai refrain.

IV

Je suis heureux quand les futailles
En mon courtil vont s'amasser,
Puis quand je vois, courbant leurs tailles,
Les vendangeurs se trémousser.
Ah ! dans ces jours que j'aime entendre
Leurs clairs appels dans l'air du soir
Et leur chanson rieuse et tendre
En dévalant vers le pressoir !

V

Des vignerons de la contrée
Je suis, dit-on, tout le plus fin ;
Aussi je puis, l'âme assurée,
En mon cercueil me voir défunt.
Dès qu'on m'aura chanté l'antienne
J'espère aller, — suprême honneur ! —
Ainsi que j'ai soigné la mienne,
Soigner... la **vigne du Seigneur** !

TABLE DES MATIÈRES

Chansons de mon Village

Les Chansons des Humbles d'Yves LE STANC

se composent des œuvres suivantes :

Ire SÉRIE. — *Chansons de mon Village.*

(voir nomenclature p. 53 du présent recueil.)

2e SÉRIE. — *Chansons de ma Chaumière.*

1. Ma Chaumière.
2. Aimez la terre.
3. L'Angélus des Ages.
4. L'Automne.
5. Battons le grain !
6. Église de campagne.
7. Enfonce le soc !
8. L'été.
9. L'Hiver.
10. Laboureur et chemineau.
11. Moisson.
12. Les Mûres.
13. Le Printemps.
14. La Sabotière.
15. Le Semeur.
16. Les Vieux Arbres.

3° SÉRIE. — *Chansons de Jean Belle-Humeur.*

1. Jean Belle-Humeur.
2. L'aéroplane.
3. A la noce.
4. L'assiette au beurre.
5. As-tu songé ?
6. La Bicyclette.
7. En cheminant.
8. Fils de France.
9. Guerre à l'alcool.
10. Mes enfants.
11. Monsieur Larrogant.
12. La Motocyclette.
13. Perrette.
14. Philosophie.
15. Sérénité.
16. Théophile.

4e SÉRIE. — *Chansons de Jean Misère*

1. Jean Misère.
2. A la belle Étoile.
3. Cœur de Patron.
4. Comme les gueux !
5. Fils de gueux.
6. Logis de pauvres.
7. Noël amer.
8. Plaintes de Jean Misère.
9. Pour gagner les cœurs.
10. Pour l'amour de Dieu.
11. Pour les gueux !
12. Prière d'un gueux.
13. Le Rêve du chemineau.
14. Les Rires cruels.
15. Souhaits du gueux.
16. Tu te reposeras !

5e SÉRIE. — *Chansons des Mains Calleuses.*

1. Mes mains.   (en préparation)